창조문학대표시인선, 270

바람에도 마음이 있다

조성호 제2시집

창조문학사

□ 추천의 글

인간의 냄새

조성호 시인의 시들은 인간의 냄새가 가득합니다. 조 시인의 시들을 읽으면서 '시란 공개된 일기' 라는 어느 시인의 말이 생각납니다. 문장 하나 단어 하나 마다 시인의 성품과 생활을 보여주고 있기 때문입니다.

누군가의 작품을 추천하기 위해서는 그 작가의 성품과 생활을 알아야 한다고 생각합니다. 훌륭한 성품을 소유하지도 않고 본이 되는 생활을 하지 않으면서도 독자들 마음에 감동을 주는 시를 쓸 수 있을 것입니다. 그런데 조 시인은 Beautiful World에서 회장으로 8년이 넘도록 동역해 오면서 그 동안 본이 되는 성품과 생활을 통해 함께한 모든 분들에게 진한 감동을 전해 주었습니다.

존경하는 분이 쓴 시 한 편 또 한 편 읽을 때마다 잔잔한 감동의 파장이 마음에 일어납니다. 작은 일상의 소재로 쓴 시들은 잔잔한 미소를 만듭니다. 많은 시들이 현재를 아파하면서도 미래의 희망을 바라보게 합니다. 우리 스스로 희망의 사람으로 살고 싶은 도전을 줍니다. 특별히 눈물이 마음에 강물이 되어 흐르는 분들에게 권하고 싶습니다.

폴리 교수

(Beautiful World지도교수)

□ 추천의 글

맑은 영혼의 개척자

"맑은 영혼의 개척자" 조성호 목사님이 두 번째 시집을 냅니다. 맑은 영혼으로 바라본 사물에 대한 인식과 의미를 어떤 시어로 풀어낼지 기다려집니다. 공허한 어휘가 아니라 깊은 샘물처럼 청량하고 맑은 시어, 정직한 시어로 풀어냈을 테지요.

조 목사님은 누구든지 가까이 가고 싶은 평안함과 속 깊은 정을 품고 있는 시인이며 목회자입니다. 차분하고 정직하며 성실합니다. 남에 대하여 험담하는 말을 들어본 적이 없을 정도로 입이 무겁습니다. 그래서 조 목사님의 시집이 기다려집니다.

문학을 사랑하고 새로운 사물에 대한 탐구심과 호기심이 가득한 조 목사님은, 여행을 좋아하고 새로운 곳과 새로운 사람 만나는 것을 즐거워합니다. 어려서부터 그랬습니다. 사람을 편하게 해주고 총기가 있어서 선후배 모두에게 사랑을 받았습니다.

참 멋지고 복되게 살아온 사람입니다. 복 있는 사람이 쓴 시집에는 복이 보따리 째 담겨 있을 것입니다. 한 줄 한 줄 새기다 보면 어느덧 내게도 그 복이 전해질 것이라고 믿습니다.

보면 볼수록 아름다운 사람이, 사물과 사람과 가까이에 있는 좋은 사람들과 하나님을 글로 노래할 것입니다.

하나님을 찬양했던 입으로 사람을 부르고 손으로는 글로 노래하는 시인. 조성호 목사는 하나님 앞과 사람 앞에 사랑스러운 사람입니다.

안형식 목사
(한국기독교 목회자협회 대표 청지기, 초산발효과학기술개발원 원장,
뉴스타운 논설위원)

□ 시인의 말

두 번째 시집을 내면서

문학이라는 산을 오르는 산행을 계속 해오고 있다. 오르기 힘든 높은 봉우리도 있고, 시원한 물이 흐르는 낮은 계곡도 있고, 능선 따라 난 길을 쉽게 가기도 한다. 산은 전문산악인만 오르는 게 아니듯 문학은 누구나 향유할 수 있어야 한다. 삶이 문학이고 문학은 즐거워야 한다는 소신에 따라 되도록 쉽게 재미있게 쓰려고 노력해 왔다. 시를 머리로 찾으려고 할 때가 있었다. 처음에 내면에 집중하다가 이제는 먼 곳도 바라보려고 한다. 아직도 문학의 갈 길은 먼데 향기로운 시의 열매를 맺었으면 하는 바람이 간절하다.

등단 후 10년 만에 첫 시집을 지었고, 그 후 10년 만에 두 번째 시집을 짓는다. 시의 집을 두 채나 지니게 된다. 시집이 나오기까지 열렬한 지지를 보내주는 아내와 자녀들에게 감사한다. 내가 섬기는 드림교회 주보에 시들을 발표하곤 했는데 내 시의 첫 독자들인 드림교인들에게 감사한다. 표지그림과 속지그림을 보내준 손경희 화가에게 감사드린다. 내 시의 스승 김지향 교수님, 시평을 해주신 이영지 교수님께 감사드린다. 추천사를 보내준 스승 폴리 교수님과 내 친구 안형식 목사님에게 감사드린다. 목회, 삶, 문학 모든 것이 감사하다.

2020년 새해 벽두에

바람에도 마음이 있다

조성호 제2시집

| 차 례 |

▪ 제1부
바람에도 마음이 있다

▪ 제2부
밤비 내리는 이유

▪ 제3부
방황하는 이여

▪ 제4부
그는 지금 어디로 갔을까

· 제5부

열두 달을 걸으며

▪ 제1부

바람에도 마음이 있다

바람에도 마음이 있다

그냥 지나가는 바람이 아니다
흔드는 바람은 한마디하고 싶은 것이다
산비탈에서 굴러온 바람은
묵혀둔 숲의 노래를 부르고 싶은 것이다
칼바람은 길을 잃고 아픈 것이다
큰바람은 제 몸 뜯어 태우고 싶은 것이다
실바람은 마르고 닳도록 쓰다듬고 싶은 것이다
호수에 파랑을 일으킨 바람은
눈물 적시고 다녀간 자리다
바람 머무는 자리가
내 몸 뿐이랴
언제나 머물고 싶은 자리에 바람이 있다
바람에게 말 걸고
커피 사주고 싶다

잡초의 쓸모

가꾸지 않아도
길을 내주지 않아도
저절로 나서 자라는 게
얼마나 고마운 지
있는 듯 없는 듯 고요하게 깊다

불필요하다고들 하지만
비가 많이 내릴 때는
흙이 흘러가지 않도록 붙잡아 주고
비가 없어 건조한 날은
흙먼지 막아주니
지구를 지키는 일등공신 아닌가

세상 어디에고 떨어져
밟히는 자리마다
들불을 피워 올리니
해도 비도 땅도 차별하지 않으니
쓸모 있음이 아닌가

문학의 쓸모

당장은 쓸모없지만
가끔 감추어 둔 서랍에서 꺼내 씀
지 편한 세상사는 바보들의 유희 같은 자유로움이 있음
존재를 거스르는 엇박자로
어지러워 비틀 비틀하면서도
쓰지 않으면 기억되지 않을 것 같은
삶의 느낌을 두려워하기에
쓸모없음의 쓸모임

무명(無名)

이름이 없는 게 아니라
이름이 소중해서
안 날렸을 뿐이다

숱한 이름들 속에서
숨겨진 그 이름을
못 찾는 것일 뿐이다

이 빚에도 사랑이 있으면

돈이 궁(窮)해지면서
얻어 불리는 빚
빚진 만큼
빛바래지는 그만큼
손, 발목 잡고 늘어지는
근저당된 삶

꼭 그렇게 죽어야만 했을까
감당할 수 없는 빚을 졌다고
헐값 인생이라 할 수 있을까

이 무거운 빚짐에도 사랑이 있으면
사랑의 빚을 가져오고
사랑에 빚지게 된 사람은
자꾸 자꾸 살아진다

하늘 사다리

날뛰던 꿈은 부서지고
산다는 게 아득하고
움켜진 무지개를 놓친
무쇠 빛 하늘과 들판에서 보았다

땅의 것만 알던 경제가 기울고
달도 기울어 어둠을 짊어진
고비의 길목에서
누추한 생각에 새 지평이 열린다

채 다 차오르지 못한 달 사이로
두 손은 구름을 밀고
두 발은 어둠을 밀고
가슴은 하늘 길 열고 있다

모래 바람 부는 사막도
황량한 대지도
어둠이 깃든 굴도 아닌
무한한 하늘로

어둠을 견디며

어둠의 저 켠
알 수 없는 심연(深淵)의 깊이에서
내가 몰랐던
새로운 세상과 마주한다

어둠의 무게를 견뎌낸
어둑한 어깨에
내리꽂히는 발상의 실마리는
멀지 않은데서 풀린다

어둠과 빛 사이
세월의 실타래 헤치며
점검하는 불꽃같은 시간
어둠이 주는 위안
함께 가자 손잡는 환한 별들

돌아 올 수 있는 그 자리

정처 없이 사느라
각자의 문제로 씨름하느라
헤쳐 있다가
누군가의 호출로 모여든다

끊어질 듯 이어지다가
월드컵만큼 드물게 만나도
불쑥 기억은 넉넉히 닿아 있다

그는 오지 않아도
늘 돌아올 수 있는 그 자리 때문에
우리는 살아 있음을 느낀다

다들 외롭게 산 냄새가 난다
눈과 귀가 한꺼번에 씻기는 날
마음이 얼얼하도록
서로에게 박수를 친다

가슴앓이

같이 아파할 수 없기에
입술만 바싹타고
들려오는 고통에
귀는 텅 빈 소라껍질이 되고
아무 도움 안 되는
손과 발은 진땀이 돌고
옴짝달싹 할 수 없는
운신의 폭이 남기는 메시지
기도의 또 다른 이름
가슴앓이

비밀번호

내 집 드나들 때도
내 돈 드나들 때도
내 편지 드나들 때도
비밀스런 번호를 수없이 눌러댄다
이리 저리 파헤쳐지는 숫자들
“무궁화 꽃이 피었습니다.”
여기 저기
비밀번호 다시 설정하라는 메시지
흐트러진 행간에는
걸음을 멈춘 숫자들이 노려보고 있다
이제는 사랑도
모르스 부호 같은
손 떨리는 번호가 필요한가

전능하신 휴대폰

하나님이 들어앉아 계신다
궁금증을 번개처럼 알려주는 말씀
칭얼대는 아이 울음도 멎게 하는 말씀
금식도 하게 하는 게임의 말씀

모두 푸욱 고개 숙여 경배한다
길 가면서도
통근버스 기다리면서도
흔들리는 차 속에서도

안 계신 곳이 없다
사무실에도
침대에도
화장실에도
예배당에도
누구나 어디서나 언제나
놓치기 싫은
전능하신 스마트하신
휴
대
폰

소사나무

바닷바람 쏘이며
갈대처럼 모여 살고 싶었다
꽃이 되고, 나무가 되고, 별이 되어

잎이 작고 줄기가 작다고
고목나무 취급한 철없는 세상은
여윈 햇빛 가로 막고
오글오글 꼬인 라면발처럼 꼬았다

철새들 한 점 허무를 싣고 떠난 뒤
십리포 해안가 담장 밑에
가만히 드러누워
여인의 풀어 헤친 머릿결처럼
웃고 있다

심마니

어릴 적 내 친구
큰 부자였던 봉제공장 최사장
도박으로 재산 다 날리고
산으로 숨어들어
속죄하듯 곰처럼 산다

겨울이면 산에서 내려와
오대산 자락 심마니의 집에서
소중한 기억속의 시간의 좌표는
동면을 한다

얼룩 많은 발자국은
낙엽이 덮어주지만
이 골짝 저 바위틈에
불쑥 불쑥 나타나는 환영(幻影)은
더 이상 막을 순 없다

다시 돌아와 누운 봄 산
실종된 가장이 숨겨 놓은
깔 새 숲 장뇌삼 밭에
슬픈 어깨가
푸른 산 빛에 물들었다

이명(耳鳴)

내 귀에 자연이 들어와 산다
어지럼 증세와 함께
도둑고양이처럼 고막 안에 터 잡았다
세상이 고요하다 싶으면
풀벌레소리 가득 들려주고
세상이 슬프다 싶으면
먼 계곡 물소리 들려주고
세상이 시끄럽다 싶으면
기차가 급정거하는
금속성 소리 들려주기도 하고
가끔은 사이렌을 울리기도 한다
듣고 싶은 것만 들으려 하던 내게
자연을 배우라 한다

노량진에서

매미가 떼 지어 곡하는 7월
도로변 바람 따라 펄럭이는 깃발이
파도처럼 손짓하지만
언제쯤 목표를 이룰 수 있을까
노량진 골목마다
1분 1초가 아까운
여유를 포기한 청춘들
지긋지긋한 책 더미를 안고
좀 더 조금만 더 열심히
엄하게 자신을 꾸중하며
가장 열공했을 젊음의 한 페이지를 쓴다
무심히 떠가는 흰 구름 아래
만발한 빨간 장미
산야를 두른 초록빛이
당신들의 꿈과 사랑을 응원한다

· 제2부
밤비 내리는 이유

밤낚시

잘 보고 있어야 한다
물속을 이어주는 안테나에는
바닥보이지 않는 어둠 너머
없던 세상이 깜빡거린다

얼마를 기다려야 당도할까
한 겹 한 겹 공들여 쌓아가는 시간 속으로
한숨처럼 밑밥을 털어 넣는다

대형스크린 한 귀퉁이가
부욱 찢어지고
그 사이로 밀려온 빛의 조각
허공을 가른 막대를 쥔 손에
번개 하나 쥐어주고 가버린다

낮 동안 그 틈을 엿보던 물새들도
모든 것을 알고 있다는 듯
달관한 표정으로 날아가고
탐조등처럼 불을 켠 머릿속
고요한 평화가 헤엄친다

교차로

만나기 위해 가야할까
헤어지기 위해 가야할까
불확실한 마음

가고 싶어도 서야하고
서고 싶어도 가야하는
혼돈의 신호

내 맘대로 못 하는 내게
알아서 가라는
배려 많은 황색등

사색(四色) 등불 앞에서
사색(思索) 해야 하는
외로운 교차로

새우깡

–여보, 뭐 먹고 싶은 것 없어?
–새우깡이나 사와요

통닭도 아니고
대하(大蝦)도 아니고
고작 이 가엾은 먹을거리는
궁핍에 저당 잡힌 아내의 손쉬운 먹잇감이다

강화 석모도 가는 놀잇배
푸른 물살 가르며
공중에도 파문을 그리는데
하나 둘 열 지어 나타난 갈매기 떼
새우깡 봉지 치켜든 내 손끝을
애절하게 바라본다

저 가엾은 갈매기
넓고 깊은 바다 속
풍부한 먹을거리를 두고도
고작 인간이 던져주는 새우깡이라니
갈매기의 꿈은 어디가고

아내가 생각나
차마 던질 수 없다

밤비 내리는 이유

밤비 내리는 순간에는
유난히 '그대'를 생각한다
외로운 잠꼬대 같은
밤비는 가슴을 설레게 한다
어렸을 때 듣던 밤비 소리는 자장가였다
아가의 옹알이 같이
세상을 쓰다듬는
이 소리는 물리지도 않는다
밤새 흠도 티도 없이 내린 이유를
이제 나는 안다
누군가 만개의 별 대신 뿌린 것이다
온기를 품은 빗소리만으로도
밤을 두려워하는 이에게
환희의 송가가 되고
청하지 않은 깜빡 잠은
아름다운 꿈을 아로 새긴다

이 은혜의 하늘

말씀 전하러 찾아간
전남 영광 대마 동부교회
교인들이 죄다 할머니 교인들이어서
말투가 할머니 같아졌다는 여섯 살 배기 목사님 딸 은혜
예배를 마치고 절뚝거리며 문을 나서자
-아이구, 힘드시지요?
내 손을 잡아 이끈다.
-목사님 하늘 한번 쳐다보세요. 여기는 별이 많아요.
도시의 잿빛 하늘만 이고 살아서
내 말과 설교는 별로 남길 것이 없는데
하늘 한번 보라는
풋풋한 은혜의 말씀 한마디
어둠을 깨우는 별빛 소리

기도 응답

아내가 웃겨 죽는다며
내게 권해 준 동영상 하나

푸짐하게 차려진 식탁 앞에서
할아버지가 감사기도를 길-게 하신다
건강 감사 하다는 둥
음식 주셔서 감사하다는 둥
음식 만든 할머니의 수고에 감사 한다는 둥
모든 이들의 건강을 기원하며
무언가 더 더해지려는 순간
지루함을 참다 못 한 네 살짜리 손자
-할아버지, 기도는 너무 길게 하는 것 아니거든요
-하나님도 못 들으시거든요
-너무 길게 하면요

갑작스런 하늘의 응답에 놀라
서둘러 기도를 마치는 센스 만점 할아버지
손자도 덩달아
헤헤
꼬마 대언자를 쓰신 하나님도
ㅋㅋㅋ

겨울 물왕리

차가워진 호수
좀처럼 기척을 내지 않더니
투명한 비닐 랩으로 한 겹 두 겹 켜켜이 쌓아
말문을 굳게 닫았다

잔잔하게 들려주는 이야기를
바람과 함께 세차게 전해주는 충고를
찰싹대며 두들겨 주던 격려를
들어주지 못한 탓이다

소란스러운
마음의 소요로 인해
너의 소리를 듣지 못한 탓이다

이제 출렁이는 기척은 없지만
어딘가에 잠복한 고요를 들으려
마음의 귀를
깊이 가져가야 한다

이인삼각

한 다리 줄여
두 걸음 늘리기
한 다리 늘려
두 마음 합하기
굳건한 두 발 아니라
외로운 한 발로
함께 묶여
충만한 한 몸 되기

각자도생

개별자로 사는데 익숙한 1인 시대
하나같이 홀로다
혼자
혼자 마시는 술
혼자 먹는 밥
혼자 영화 보기
연애 감정도 포기하고
어디까지 혼자여야 할까
죽을 때도 외로이
홀로 감당해야 하는가
발정 난 길고양이도
혼자 견디지 못할 욕정을
참지 못해 구성지게 울고
꽃도 혼자 피어 혼자 지고 혼자 떨어져도
뿌리는 깊은데

그리움 한 자락도 아껴서 읽어야 한다

서울 홍제동 홍성교회
우리 신앙의 보금자리
거기서 자라났다는 그 끈을 잡으면
쉬 내려놓을 수 없는 마음의 부채가 있다
오래된 흑백사진처럼 세월이 흘렀어도
거기 아니면 결코 아니었을
뜨거운 것이 있지 않은가
내 사랑 서울 홍성교회
그 존재만으로도 고마운 사람들
6-70년대 깡충거리던 추억들 사이로
떠오르는 예배당 풍경
참새 떼처럼 목청 높여 부르던 노래
여름성경학교, 수련회, 농촌봉사
그리고 포방터, 홍제천, 문화촌, 북한산, 별다방
어깨동무하고 헤집고 다니던 날들이
봄날 아지랑이처럼 떠 있다
우리를 다시 불러낸 그 아련함을
이제는 서/홍/회 포럼 그 이름에 담는다
쉽게 답을 하지 말자
같은 하늘을 이고 산 우리들이지만
아주 오래고 먼 풍경이기에
한 줄 한 줄 새기듯

막 돋아난 새순처럼
그리움 한 자락도 아껴서 읽어야 한다

아버지와 아들

내 고향 남쪽 바다를 부르며
실향의 눈시울 적시던 아버지의 고향을
타향으로 밀어낸 아들은
아버지를 강가에 묻은 개구리입니다

어미를 잃은 자식 끼니 거르지 않으려
손수 밥상을 차리던 아버지의 헌신을
못난 아버지라며 마음을 박찬 아들은
빈 쌀독입니다

민주화 투쟁시절 아들의 좌경화를 염려하여
북한의 실상을 줄줄이 꿰시면
또 그 소리냐며 귀를 닫던 아들은
모순된 말로 자신의 남루(襤褸)를 덮는
외람된 설교자입니다

일찍 저 세상 가신 아버지를
진한 노을 속에서만 만나는 아들은
자기 아들을 위해 목숨을 버리신 아비의 사랑을
제 자식 품에 끼고서야 어버이 심정 깨우치는
왜곡된 아빠입니다

담쟁이

외로운 서로를 향해
마음의 빗장을 푼 어울림

긴 침묵이 낳은
깨우침의 언어

역지사지 하여
온 몸으로 가는 길

길이 보이지 않아
함께 어울려 가는 자유의 길

합창

열다섯 살 순정이가
인천 시립합창단 지휘를 한다
동물들과 뛰놀듯
동무들과 춤추듯
그의 여린 손끝에서 눈동자들이 멈추면
열다섯 살 꿈들이
풍선처럼 부풀어 오른다
갓 열다섯 소녀가
중년의 음대교수가 되어
선생노릇 제대로 못한 스승 앞에서
꽃 연주를 들려준다
나는 취해서 중얼거린다
이보다 더 좋을 수 없다고
이보다 더 향기로울 수 없다고
지난 세월을 불러 세워
기립박수를 보낸다

동봉(同封)

-손경희 개인전을 축하하며-

[동봉 전(展) 2019,320-26 도스갤러리]

붓으로 채색된 상자에
무언가가 담겨 있다
부치지 못한 편지일까
고독한 사진일까
인내한 추억일까
부르지 못한 노래일까
못 다한 사랑일까
비밀들이 들어앉았을까
상자 여백 사이로
고요히 두드리는 심장 소리가
내게 말을 걸어온다
신비한 이야기 상자에는
기품 있게 승화된
어머니 사랑 같은 빛이
새어나오고 있다

▪ 제3부
방황하는 이여

봄은

봄볕은
두려움 없이 제 모습을 밀쳐내는
새싹들을 알고 있다

마디마디 돋는
새순은 알고 있다
형형색색 피어날 꽃빛깔을
어느새 자라 맺게 될 열매를

마른 봄 가뭄에도
땅은 이미
촉촉이 적셔있다

봄은
땅 속 깊이 흐르는
은혜의 소리를 듣고 있다

열매는

열매는
죽을 힘 다해
가지에 붙어 있었다.

지독한 가뭄의 갈증도 견디며
몰아치던 비바람도 맞서며

열매는
이제 알알이 붉게 물들어
이웃에게 고마움을 전한다

씨앗에게
믿음으로 지탱해준 뿌리에게
햇빛과
단비에게

가을 감사

가을은
긴 장마와 뙤약볕을 이겨내고
감사의 문을 연다
물결치는 풍년마다
감사의 노래를 부른다
만산홍엽(滿山紅葉)의 단풍과 함께
온 누리에 번지는 평화를 위해
감사의 두 손을 모은다

가을비

가을이
입질도 없이 왔다
황급히 떠난 여름이
너무나 뜨거웠던 탓일까
해열제 같은
비가 내린다

가을 사랑

음습한 나를 말려주는
새털구름 사이 햇살을 사랑합니다.
한 잎 두 잎 그리움으로 내려앉는
꽃잎을 사랑합니다.
바람 따라 이리 저리 변하는
강 물결을 사랑합니다.
여름내 대지를 지켜 준
마른 풀 향기를 사랑합니다.
아이들이 두런두런 뛰어 놀았던
고갈된 분수를 사랑합니다.

낙엽

아침저녁 서늘한 바람 불고
소리 소문 없이 물드는
산자락 구비 구비
가을이 관절을 꺾으며 내려 앉는다

그 많던 잎새들
앞 뒤 다투지 않고
오가지 못할 겨울을 향해
미련 없이 소멸하고 있다

가을 빛깔

가을이 만드는 빛깔은
영혼을 적시는 빛깔이다

하늘에는 높은 빛깔
땅에는 말이 살찌는 빛깔
죽어서 더 멋있게 보이는 묘지 같은 빛깔
층마다 다르게 움직이는 도시 같은 빛깔
겨우 한여름만 지탱한 애틋한 빛깔
연인 없이 혼자 사는 시린 빛깔
백발을 맞는 황혼의 빛깔

이름 모를 들꽃들도
자기만의 맛있는 빛깔을
가을 캠퍼스에 내어 놓는다

잡생각하면 보이지 않는 빛깔들
걸음을 멈추고 가까이 가면
제 몸 내려놓아 얻어지는
보석 같은 빛깔 속으로
시나브로 물들어 간다

환대(歡待)의 집

냉대(冷待)가 밀려드는 무례한 세상에
사방으로 열려있는
언제나
누구든
쉬어갈 수 있는
환대(歡待)의 집
서러운 길벗들을 향해
정자(亭子)같은 사람 있고
넉넉하고
향기로운 사람 있어
기쁨으로 다녀갔으면 좋겠다
온유하고 겸손하신 주님이
우리 모두를 환영해 주시고
환대의 사람으로
또 냉대의 세상으로 파송하신다

예배당 풍경

오늘은 예배당 문이
별빛으로 환합니다
천하보다 귀한 영혼이 오랜 방황 끝에
교회 문을 열고 다시 돌아왔기 때문입니다

삶의 고뇌는 여전하지만
하늘 아빠는 그를 변함없이 맞아줍니다
교우들의 찬양의 온기가
소중한 가족을 꼬옥 안아줍니다

은혜의 바람은 성긋 다가와
상한 갈대의 마음을 굳게 붙잡습니다

이제야 압니다
아무리 거센 격랑도
내 안에 있는
그 분의 사랑을 끊을 수 없다는 것을
아무리 오랜 방황도
목자의 기도를
멈추게 할 수 없다는 것을

이것이 눈물로 씨를 뿌린 자가
기쁨으로 거두어야 할
이유입니다

성찬, 그 신비한 축복

어느 주일 아침
황홀한 식탁이 놓여있다

날 위해 뜯어주시는 그 살
기적의 떡이 되네

날 위해 흘리신 그 피
눈물의 강물이 되네

축복의 테이블 위에 놓여진
가장 귀한 복음을
나
눈으로 보고
손으로 만지고
가슴으로 마시네

방황하는 이여

빛 없는 밤길을 걸어가듯
방황하는 이여
작은 바람에도 흔들리는 들풀같이
세파(世波)에 숨죽이는 이여

어둡고 축축한 동굴에서 나와
은혜 받는 하루를
시작하시게

그늘에서 자란 이들의
옹이 박힌 마음속까지 치료하시는
하나님의 팔에
매달리시게

말씀

귀로 듣지만
마음이 움직입니다.

마음은 맑아지고
세상은 고요해 집니다

눈물짓게 하지만
기쁨 가득합니다

마음을 울리는
따스한 부르심입니다

심방(尋訪)

당신을 알고 싶습니다.
당신의 두려움도 한계도 꿈도
있는 그대로 존경하고 사랑하고 싶습니다

당신을 찾고 싶습니다
나 당신에게 말 할 때
우리 서로에게 정직해야 합니다

내 모습이 아니라면
그것은 무리한 요구라고
힘들다고 말해야 합니다

네가 어디 있느냐?
피하고 싶은 것을 물어 올까 봐
걱정도 되지만
에덴을 회복하는 길입니다

세족식(洗足式) 퍼포먼스

손님 발 씻어줄 종놈들은 어디 갔나
저 친구 발을 내가 씻을 수는 없지
차라리 나도 씻지 말자
하나에서 열 둘 까지 만장일치 통과

쾌쾌한 발 냄새 코끝 진동하는 만찬장
선생님 벌떡 일어서셔서
놈들 발 차례로 씻기기 시작 하신다
서로 씻겨주어라
먼지 풀풀 나는 세상에서
때가 끼었다고 흉보지 마라
제발 가르친다고
보여준다고 하지마라
이미 온 몸에 목욕한 증거
네 몸 안에 있느니라

· 제4부
그는 지금 어디로 갔을까

돌베개

아무 것도 준비하지 못한 채
도망친 길
여기 어디쯤일까
노지에서 날은 저물고
말도 눈물도 외로움도 사치인양
의지가지 하나 없는 나
맥없이 돌베개 의지해 잠을 청한다

홀연,
하늘 사다리 천사들 오르내림에
화들짝 깨어나 보니
아하, 주님 여기도 계시니
하나님의 집이로세
하늘의 문 이로고!

하나님, 저와 함께 계시면서
제가 가는 이 길에 지켜주시면
이 돌은 하나님의 집이 될 것입니다
나 당돌하게 기도를 바친다

떠남

민들레 포자처럼
가볍게 떠난다.

정착하지 않고
박힌 돌이 되지 않고
거치는 돌이 되지 않고
익숙한 것에 머물지 않고
텃새 부리지 않고
돌이든 밭이든 낯선 곳이든 어디든
바람에 가볍게 실려 가서
다시 태어나는 신비

여행하는 홀씨들이
언젠가 또 다른 세상을 만든다

사랑

지금 내 말이 들리나요?
당신만이 맞출 수 있는
주파수를 향하여
영원 너머 그 이후까지 닿게 되도록
나의 이 말을 보냅니다

당신만이 뽑아갈 수 있는
나의 발신은
창공의 수만 마리 새보다
내 손안에 보듬은 한 마리 새입니다

새소리도
둘이 함께 있을 때
더 행복하게 들립니다

당신에게만 드릴 말을
그리움에 엉기어
당신의 귀속에서
몰래 키웠습니다

사
랑
해
요

아름다운 동행

자주 볼 수 없어도
알고 있다는 것 하나로도
서로에게 등불이 되어주는 일

힘들 때에는
하늘 향해 기도하며
제자리를 지켜 주는 일

만만치 않은 세상을 살면서
걸림돌에 걸려 생채기가 나면
아물 때까지 보듬어 주는 일

그리울 때면
마음의 거리를 더욱 좁혀
조건 없이 마음과 마음 바라보는 일

혼자 놀기

누군가 날 데리고 놀지 않는다고
외롭다 투정부리기 전에
먼저 날 데리고 놀자

내 몸도
하나의 놀이로 주어진 삶
나하고만 놀아도 재밌다
홀로 서기는
내가 소중한 존재임을 깨닫는 시간

날 데리고 놀다보면
자존을 곧게 세우고
남도 행복해진다

혼자 사는 맛을 알아야
홀로 놀 줄 알아야
다른 사람하고도 잘 논다

그는 지금 어디로 갔을까

한 사람이 빠진 밥상은
참혹하다
먹어도 배부르지 않고
영양가 없는 마른 모래만 수북하다

한 사람이 빠진 빈자리는
있으나 마나였다고
원래 없는 거라고
아무리 변명해도
수렁처럼 더욱 깊이 패인다

한 마리가 빠진 양 우리는
똥오줌 못 가린 흔적 남아도
사랑과 미움의 잔해(殘骸) 사라지고
목자의 피 발린 깨진 종소리 따라
눈물 자국만 그렁그렁하다

어느 하늘에
아픈 영혼의 상처 닦아 줄
빈자리 있을까

그는 지금 어디로 갔을까

다시 돌아올 사람

누군가 도굴해 간 자리는
잊을 수가 없어서
지울 수가 없어서
마음으로 꾹꾹 눌러 쓴
명부에 남아
기도제목이 됩니다

텅 빈 가슴은
당신이 돌아오기 까지는
종소리 같은
무수한 기도문을 올립니다

다시 돌아올 당신을 위해
아침 이슬처럼
시간에 떠있어
유효기간이 없는 노래는
부르고 또 불러도 다함이 없습니다

안식일

그대가 이 날
내게 올 때는 편하게 오라

감출 것도
부끄러울 것도 없이
있는 그대로 오라

잘 보이려 하지 말고
누구 눈치 볼 것 없이
그냥 친구처럼 가장 편하게 오라

그냥 할 말 없이
울보가 되어도 좋다
바보처럼
웃어도 좋다
내 앞에 다리 뻗고 누워도 좋다

꽃같이 예쁘고
별처럼 무엇이 되어야 하지 않느니
이 날만은 경쟁에서 자유로우라

이날은 너를 위해 있느니
그대가 안식일을 지키는 것이 아니라
안식일이 그대를 지키는 것이니

나팔꽃

아침마다
붉은 태양을 향해
웃음으로
수인사 한다

종일
주둥이 크게 벌려
갈바람 맞으며
잡다한 시름
블랙홀처럼 받아내고

저녁이면
소리 없이 등불을 켜고
부끄러운 불꽃
섹시하게 몸을 흔든다

밤이 되면
구름과 달 사이로
큰 귀를 젖혀
두런두런 당신의 음성을 듣는다

달 읽기

한가위 책이 펼쳐졌다
만민의 사랑받는 스테디셀러
낫 놓고 기역자도 모르는 문맹자도
아버지 제사 보러 가는 자식도
동서고금 차별 없이 읽는다
만월(滿月)은
누군가의 소설이 되고
시가 된다

기도

나의 유창한 기도가
어린 아이의 서툰 말이 되게 하소서
쉴 새 없이 쏟아 내는 내 요구가
콩나물시루에 물 빠지듯
소리 없이 사라지게 하소서
시끄런 목소리가
받아 놓은 흙탕물 정화되듯
고요히 가라앉게 하소서
하늘에라도 닿을 양 치렁치렁한 긴 기도문이
하늘과 땅 사이 매달린 예수처럼
하늘 가까이 붙잡고
지척의 이웃을 품게 하소서

유월의 기도

장미처럼
그윽하게
누구에게나 흠모할만한
인격의 빛깔을 주소서

아침이슬처럼
투명하게
누구와도 거리낌 없이
어울리는 친구가 되게 하소서

신록처럼
생명력으로 충만하게
진취적인 삶으로
승리하게 하소서

태양처럼
뜨겁게
예수 생명을
열정적으로 전하게 하소서

생각만 해도 좋은

나의 가난한 마음에
당신의 영을 부으시면
부요한 샘이 됩니다

나의 어두움에
당신의 말씀을 밝히시면
은총의 등불이 됩니다

나의 아픈 상처에
당신의 선혈을 바르면
새살이 돋아납니다

나의 시련에
당신께 부르짖기만 해도
슬픔은 힘이 됩니다

나의 응달에
당신을 이름을 노래하다 보면
음지도 양지가 됩니다

생각만 해도 좋은
당신 때문입니다

당신의 달

당신의 달이 어두우면
별이 꼬리를 감추듯
나 또한 숨어버릴 곳을 찾아
어둠의 숲이 됩니다

당신의 몸을 던져
나를 사랑하시던 날
하늘도 빛을 잃고 슬퍼했지요

당신의 붉은 피로 물든 하늘은
내 몸을 받아
나의 가슴을 붉은 피로 적셔
새 몸을 지으셨지요

당신의 달이 밝으면
별이 호수를 비추듯
나 또한 사를 심지 나눌 곳을 찾아
나의 몸을 던져
이웃을 사랑하겠습니다

· 제5부

열두 달을 걸으며

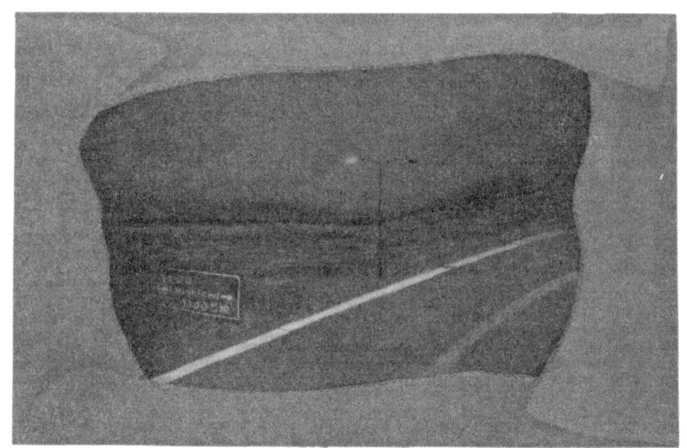

공평한 새해

아무도 그려보지 못한 새 도화지로
불쑥 와 버린 첫 달
그래도 고마운 일
공평하게 시작해 보라는 말씀이니
처음 불어보는 악기처럼 서투르지만
새순 같은 꿈도 가져보고
내 할 바에 따라
길이 되고 고독이 되고
물이 되고 태산이 되니
희망이란 종종걸음부터
일단 내딛고 볼 일
오늘도 어제처럼 내일에도
지치지 않는 투명한 은총이
세상의 길 위에서
어깨위에 살포시 내린다

새해 예배

'너는 내 사랑하는 자녀라'

동터 오는 새 아침
어두웠던 영혼의 창(窓)에
들려오는 북소리에는
만선(滿船)의 꿈을 잃어버린
어부의 아침을 찾아 주시는 말씀이 있다

'장차 사람 낚는 어부가 되리라'

창조의 문을 열어
세상 빛으로 오신 은혜는
일렁이는 파도마다
지친 어깨에
찬송과 기도의 날개를 달아주신다

'능력 주시는 자 안에서 할 수 있다'

새해의 힘찬 타종소리는
한 살 더 사는
두려움과 불안의 시간에도
눈을 들어 동서남북을 바라보게 한다

1월의 사랑

불을 껐다 다시 켜듯
새롭게 연륜이 그어지고
희망으로 채울 새 꿈이 있어
1월은 늙지 않는다

억만금 보석 같은 365일
오늘과 내일
널뛰듯 발 굴러 춤추며 가야하기에
1월은 하루, 하루 은총이다

소리 없이 피어나는 꽃처럼
그 결연한 첫 마음이
12월까지 이어져야 하기에
1월은 두 손 모은 기도다

날아오르는 새처럼
우리에게 약속된 길을
전심으로 사랑하며 가야하기에
1월은 은혜로운 말씀이다

2월의 사랑

2월 중순
벌써 추운바람 떨치려 한다
얼었던 흙이 풀리는 봄이
어디 쯤 오고 있긴 하나본데
잔설(殘雪)은
쉬이 떠날 줄 모른다
용케도 겨울을 보낸 자연의 경이로움
생명싸개로 보듬는
새 창조의 손길을 보면서
2월은
서성대는 외로움마저
사랑하고
먼 길 떠나고 싶어 한다

3월의 사랑

들쑥날쑥한 불만의 겨울이 지나고
낮이 길어진다
이제 봄기운이 폴폴
기억의 저편부터 사르르
기분이 좋아진다
새내기들의 발돋움소리에
귀가 맑게 트인다
감사와 고마움으로
음습한 나를 말린다

4월의 사랑

우르르 사방에서 몰려온
봄꽃들은 알고 있다
생명의 반전소식을 전한 호외(號外)가
4월의 사랑인 것을

비 갠 날 아침 가장 잘생긴
봄 산은 알고 있다
황사 묻은 나뭇잎 닦아주고
대신 제 가슴 적신 빗물의 사랑을

푸르른 날의 격정이 솟구치는
들녘은 알고 있다
언젠가 만발했던 사연은 떠나고
무심히 세월도 지지만
열심히 사랑한 것은 남는다는 것을

5월의 사랑

오월의 눈부신 산야를
초록이 뒤덮을 때
크레용으로 꼬물꼬물 그리는 유년의 캔버스엔
약속의 무지개가
몽실 몽실 피어오른다

반갑게 날리는 바람개비 따라
아이들의 수선화 같은 웃음소리가
들판으로 퍼지면
동화(童話)들을 하나 둘 데려온다.

어린아이 같지 아니하면
천국에 들어갈 수 없다 하신 말씀처럼
그제서야 열리는 하늘나라

이 소자 하나 실족하게 하면
연자 맷돌 지고 바다로 뛰어들지

하늘나라에서 큰 사람이니까

6월의 사랑

반쯤 수그린 하늘 아래
중년의 사랑은
풋보리 물결처럼 출렁인다

반평생 살아온 녹음은
맑은 날도
상하기도 채이기도 했을 날도
감사하고 사랑하며
평화롭게 물들어 간다

절반의 계절은
아무리 바쁘게 살아도
한창 자란 나무 그늘에서
맑은 하늘 한 번 쳐다보고
싱그러운 초록 잎 한 번 눈길 주고
쉬었다 가라고 한다

8월의 사랑

얼마나 뜨거운 키스이기에
뜨겁게 달구어져도
쉬이 잠들지 못하는가
호떡 굽듯이 지그시 누르는 햇덩이에
치-지-직 달구어진 도시는
기나긴 시간 익히고 익히려
불볕에 살 붙이고
더욱 붉게 타들어간다
된 인생 만나
몸과 마음 지친 이들을 달래줄
여우비 같은 가을을 준비하면서

12월의 사랑

서울시청 앞 광장 성탄트리
무거운 납덩어리가
애매하게 빛을 내고 있다

어린 주 예수 뉘일 곳 없어
울컥울컥 쏟아내는 눈물을 본다

선명한 투쟁의 광기로
널브러진 도시의 망대에서
뜬금없는 사랑을 본다

구세군 자선냄비 종소리
아직도 사랑을 채울 사람이
저리도 즐비하다

열두 달을 걸으며

열두 달을 지나왔습니다
때론 느리게 기고
때론 빠르게 달려 왔습니다

봄, 시작의 설렘과 화사한 감동이 있었습니다
여름, 인생의 뜨거움을 맛보기도 했고
긴 장마 같은 지루함과
무덥고 칙칙한 터널을 걷기도 했습니다.
가을, 작은 일에 열매가 맺히는 기쁨도 있었고
누군가 내 곁을 떠난 낙엽 같은 상실도 있었습니다
겨울, 갑작스런 동장군의 습격으로 절망했고
다가와 손 내미는 은혜의 눈송이도 있었습니다

이제 저무는 한 해 앞에 섰습니다
하지만 알 것 같습니다
열두 색 발자국은
여전히 나를 버리지 않으시고 안고 업고 계신
주님의 사랑이었습니다

날 힘들게 하던 이나
나에게 작은 선물로 감동을 주던 이나
낯모르는 이가 보내주던 미소는

내 주변에 나타난
주님의 여러 얼굴들이었습니다

송구영신

저무는 한 해는
문득 걷다가
뒤를 돌아보게 한다

후회스럽고 부끄러웠던 날들을
머리에 이고
이리 살지 않겠노라
잊어버리자고 다짐하며
나 혼자 걸어 외로웠던 방랑을 노래하는
음울한 집시가 된다

어디 나 혼자뿐이랴
다시 돌아보니 네 개의 발자국이 선명하다

영혼의 귀를 기울이면
메아리처럼 아름다운
그분으로 인해 이만큼 살아낸
멋진 이중창이 들려온다

한 해를 마감하는 날
보내고 맞이하는
마지막 남은 몇 소절의 노래는

기름 준비한 다섯 처녀들처럼
당신을 향한 기대로 충만한 밤
그대와 함께 합창하고 싶다

참으로 이 감사가 너희 것이더냐?

추수감사주일 아침
예배당 강단 앞에는
도시 교인들이 시장에서 사다가 바쳤을
탐스런 열매들이 수런수런 하다

처음에는 의미 없고
눈부심도 없던 식물이었을 이들이
때를 따라 내리시는 이른 비와 늦은 비
햇볕과 바람으로
큰 기쁨의 금빛 물결을 이루어
강단위에 모셔져 감사 찬양을 한다

황금 열매는
우리들의 거울이 되어서
눈길 닿는 곳마다
참으로 이 감사가 너희 것이더냐 묻고 있다

봄, 여름 동안
은혜를 잊고 산 부끄러움을 뉘우치고
이제라도 감사의 열매를 찾아
말씀의 추수를 서둘러야 한다

오늘의 감사

오늘처럼 캄캄한 날은
고단한 작은 산새처럼
영혼의 날개 접고
그저 쉬어 갑니다

연약한 육신 제물삼아 드리는
외마디기도
따스함으로 보듬어 주시니
그저 감사합니다

어느새 천국의 뜰을 거닐게 하시고
독수리 날개 펼치게 하시니
그저 감격입니다

오늘 햇빛은
저에게만 비추는 듯하여
그저 눈물 흘립니다

오늘 예배는
생명의 강이 다함없이 넘쳐흐르니
그저 기쁩니다

오늘 생명의 말씀은
모두 옳았습니다.
주저 없이 믿고 순종하니
그저 행복합니다

□ 시집평설

목사시인의 서정 모더니즘 바람시학

- 조성호 시집 『바람에도 마음이 있다』에 부쳐 -

이 영 지

문학박사 · 철학박사 · 시인

1. 성경의 2회 리듬을 따르는 바람시어

조성호 시인이 두 번째 시집『바람에도 마음이 있다』를 상재하게 되었다. 창조문학사로 2002년에 등단하고 첫 시집『침묵을 노래하는 악기』(2010)에 이어 10년 만에 다시 상재하게 된 두 번째 시집이다. 10년마다의 간격 시집출간이다. 그만큼 조성호 시인은 시에 대한 충분한 숙고를 거쳐 그의 시의 고차원적 메시지를 전달하려 하는 데에 중요한 의미와 가치를 가지고 있게 된다.

이 출발은 첫 번째 시집과 더불어 조성호 목사시인의 제2시집『바람에도 마음이 있다』의 제목 둘 모두가 시가 향유하는 특유의 성역인 반복리듬으로 하는 데서부터 출발한다. 바로 시의 특권, 은유가 지닌 무한한 가치의 암시성을 제1시집 제목『침묵을 노래하는 악기』에서 '침묵' 관념어와 '악기' 사물어로 한데 이어 제2시집 제목『바람에도 마음이 있다』에서도 '바람' 사물어와 '마음' 관념어 반복리듬에 있어서이다.

이 암시성은 제2시집 『바람에도 마음이 있다』를 제1부 '바람에도 마음이 있다' 제2부 '밤비 내리는 이유' 제3부 '방황하는 이여' 제4부 '그는 어디로 갔을까' 제5부 '열두 달을 걸으며'로 나누는데 이와 비교되는 제1시집 제1부 '비가 되어 내리고 싶다' 제2부 '그의 하늘에 떠 있고 싶다' 제3부 '그날이 언제일까요' 제4부 '바람처럼 사랑하여라' 제5부 '그는 지금 어디로 갔을까'의 각 부 설정에서 반복 리듬이 발견된다. 제1시집의 제5부 '그는 지금 어디로 갔을까'는 제2시집 제4부 '그는 어디로 갔을까'인데 제1시집의 "지금"이라는 시어가 제2시집에서 없을 뿐 동일 반복리듬이다.

조성호 목사 시인 제2시집 제목 『바람에도 마음이 있다』는 제1부 첫 번째 작품 「바람에도 마음이 있다」로 바람을 그의 시의 주제 반복리듬으로 내세운다. 바람은 신학 메시지 하나님의 신이 수면위에 운행하는 때의 신 루아흐 רוּחַ(루아흐‥영, sprit, 창세기 1장 2절)이다. 바람에 근거한 하나님의 일을 사역하는 목사시인의 '바람'이다.

'바람'시어는 제2시집 「바람에도 마음이 있다」에서 20회 사용되었다.

다음은 '바람' 시어회수이다.

> 바람에게도 마음이 있다 (10) 잡초(雜草)의 쓸모(2)
> 하늘사다리(1) 소사나무(1) 노량진에서(1) 열매는(1) 비바람(1)
> 겨울 사랑(1) 낙엽(1) 예배당 풍경(1)

이 시집 전체에서 가장 많이 사용된 시어는 '바람'이다. 시집 전체 이미지를 만든 조성호 목사 시인이 푯대로 내세운 '바람'은 시적인 은유 메시지 영의 문제이다.

다음은 가장 많은 '바람' 시어를 사용한 시 「바람에도 마음이 있다」 이다.

그냥 지나가는 바람이 아니다
흔드는 바람은 한마디하고 싶은 것이다
산비탈에서 굴러온 바람은
묵혀둔 숲의 노래를 부르고 싶은 것이다
칼바람은 길을 잃고 아픈 것이다
큰바람은 제 몸 뜯어 태우고 싶은 것이다
실바람은 마르고 닳도록 쓰다듬고 싶은 것이다
호수에 파랑을 일으킨 바람은
눈물 적시고 다녀간 자리다
바람 머무는 자리가
내 몸 뿐이랴
언제나 머물고 싶은 자리에 바람이 있다
바람에게 말 걸고
커피 사주고 싶다

– 「바람에도 마음이 있다」

시인의 바람은 산비탈에서 굴러온 바람 · 길을 잃고 아픈 칼바람 · 제 몸 뜯어 태우고 싶은 큰바람. 마르고 닳도록 쓰다듬고 싶은 실바람 · 눈물적시고 지나간 파랑을 일으킨 호수 바람 · 내 몸에 머무는 바람이다. 6번의 바람이 말을 하고 싶어 한다. 이 시의 화자가 커피를 사주고 싶어 한다. 이 묘사는 바람이 말을 하고 싶어 하는 마음의 의인화법이 되면서 생명체를 가진 바람이 된다.

6회의 바람은 이 세상의 모든 만물을 대표하는 묘사 회수이다. 바로 천부경이 제시하는 가장 중심수로서의 사람의 의미 혹은 물의 상징어이다. 바람 시의 화자는 이들에게 커피를 사주려 한다. 바람의 친구가 되고 싶어 하는 친근한 이미지다.

목사시인으로서의 사역 그것은 커피 사주는 일이다. 시적 화자는 대화를 하고 싶어 하는 바람시학을 만드는 시인이다. 시인의 바람에는 두 가지 의미가 주어진다. 간절히 바라는 일의 관념어 바람과 사물어 바람이다. 전자는 목사시인에게는 영적 세계이고 후자는 시가 가지는 사물어 바람이다. 이러한 시어 주제 선택은 희망 이미지인 마음의 소원 이미지 바람과 사물어의 바람이 이중 은유가 되어 있다. 2회 리듬이다.

시인은 그 귀중한 바람소리를 듣는 그러나 인간의 힘으로는 불가능한 영역을 목사의 자리에서 듣는다. 바로 신을 향해 요청하는 시인 자신의 간절한 바람이 절대자가 주는 성령의 바람을 타고, 시에서 그 바람을 불러오는 사역의 바람을 탄다. 바로 큰 바람의 몫 그 흔적을 사역하는 일이다. 조 성호 시인의 시에서의 묘사는 큰 바람을 알리려 한다. 절대자 그 무한의 영역을 알리는 신호를 시의 화자 바람으로 한다. 신에게로 바람 소리를 인도하려 한 목사로서의 소명의식이 있다. 반복 리듬을 내세운 바람시학의 시인이다.

큰 바람과 대별되는 시인의 바닷바람이 있다. 꽃이 되고 나무가 되고 별이 되어 바닷바람 쏘이며 갈대처럼 살고 싶은 바람이다.

바닷바람 쏘이며
갈대처럼 모여 살고 싶었다
꽃이 되고, 나무가 되고, 별이 되어

잎이 작고 줄기가 작다고
고목나무 취급한 철없는 세상은
여윈 햇빛 가로 막고
오글오글 꼬인 라면발처럼 꼬았다

철새들 한 점 허무를 싣고 떠난 뒤
십리 포 해안가 담장 밑에
가만히 드러누워
여인의 풀어 헤친 머릿결처럼
웃고 있다

– 「소사나무」

시인에게 바람의 바람이 있다. 시에서 과거형이 전개되는 "바닷바람 쏘이며/ 갈대처럼 모여 살고 싶었다"를 시인은 첫 화두로 내세운 묘사다. 그런데 잎이 작고 줄기가 작다고 고목나무 취급한 철없는 세상은 여윈 햇빛 가로 막고 오글오글 꼬인 라면발처럼 바람을 막았다. 그럼에도 이 무너진 자리에 시인의 바람이 있다. 그 능력은 시를 통해 영의 바람으로 노출된다. 절대자의 마음이 시인의 마음에 투영된 바람이다. 거대한 믿음이다. 시인 목사시인의 영역이다. 조성호 시인의 묘사비법으로 하여 정말로 말하고 싶은 바람 은유이다.

이 은유 바람은 시 「노량진에서」 살짝 드러나기 시작한다.

매미가 떼 지어 곡하는 7월
도로변 바람 따라 펄럭이는 깃발이
파도처럼 손짓하지만
언제쯤 목표를 이룰 수 있을까
노량진 골목마다
1분 1초가 아까운
여유를 포기한 청춘들
지긋지긋한 책 더미를 안고
좀 더 조금만 더 열심히
엄하게 자신을 꾸중하며
가장 열공했을 젊음의 한 페이지를 쓴다
무심히 떠가는 흰 구름 아래

만발한 빨간 장미
산야를 두른 초록빛이
당신들의 꿈과 사랑을 응원한다

– 「노량진에서」

노량진 그 불모의 땅에 목사 시인 바람의 바람이 서 있다. 아주 고요하게 깊어서 조용히 서 있는 바람인 듯하다. 그러나 안으로 타오르며 만발한 빨간 장미와 산야를 두른 초록빛이 응원하는 바람이 되어 있다. 목사시인의 사역이다. 응원하는 바람이다. 역시 주인공은 절대자의 바람이다. 다중은유이다.

있는 듯 없는 듯 고요하게 깊다
…
비가 많이 내릴 때는
흙이 흘러가지 않도록 붙잡아 주고
비가 없어 건조한 날은
흙먼지 막아주니
…
세상 어디에고 떨어져
밟히는 자리마다
들불을 피워 올리니

–「잡초(雜草)의 쓸모」에서

구체적으로 드러나는 잡초의 쓸모 바람 사역의 시적 화자이다. 목사시인의 사역 바람 묘사는 절대자의 영역을 대변한다. "비가 많이 내릴 때는/ 흙이 흘러가지 않도록 붙잡아 주고/ 비가 없어 건조한 날은/ 흙먼지 막아주니"의 바람이다. 시인은 「잡초(雜草)의 쓸모」라고 시로 묘사하고 있다.

조시인의 바람시학은 바닷바람 쏘이며 갈대처럼 모여 꽃이 되고, 나무가 되고, 별이 되어(「소사나무」) 소망의 길을 그의 대상에게 찾아주는 사역이다. 이제 시인의 바람 사역은 하늘에 오르며 더 큰 권능 세계의 하늘 사다리를 열어 놓는다.

「하늘 사다리」 시가 있다.

날뛰던 꿈은 부서지고
산다는 게 아득하고
움켜진 무지개를 놓친
무쇠 빛 하늘과 들판에서 보았다

땅의 것만 알던 경제가 기울고
달도 기울어 어둠을 짊어진
고비의 길목에서
누추한 생각에 새 지평이 열린다

채 다 차오르지 못한 달 사이로
두 손은 구름을 밀고
두 발은 어둠을 밀고
가슴은 하늘 길 열고 있다

모래 바람 부는 사막도
황량한 대지도
어둠이 깃든 굴도 아닌
무한한 하늘로

– 「하늘 사다리」 에서

빛 없는 밤길을 걸어가듯
방황하는 이여
작은 바람에도 흔들리는 들풀같이
세파(世波)에 숨죽이는 이여

어둡고 축축한 동굴에서 나와

은혜 받는 하루를
시작하시게

그늘에서 자란 이들의
옹이 박힌 마음속까지 치료하시는
하나님의 팔에
매달리시게

– 「방황하는 이여」 에서

드디어 뚜렷한 시적 이중 묘사 관념어 바람과 사물어 바람 사이에서 절대자의 바람이 그 모습이 구체화 된다. 시적 화자 바람이 본 하늘 사다리가 있다. “날 뛰던 꿈은 부서지고/ 산다는 게 아득하고/ 움켜진 무지개를 놓친 그 때 목사시인은 방황하지 말지어다라의 명령어로 방황하고 무너지는 이들에게 강권한다. 경제가 기울고 달도 기울어 어둠인 고비의 길목바람에게 하늘 사다리를 알린다(「하늘 사다리」) “노량진 골목마다/ 1분 1초가 아까운/ 여유를 포기한 청춘들”에게 목사시인은 하늘 사다리를 알려주는 바람 시학자이다.

시인은 빨간 장미와 초록바람을 보라한다.

지긋지긋한 책 더미를 안고
좀 더 조금만 더 열심히
엄하게 자신을 꾸중하며
가장 열공 했을 젊음의 한 페이지를 쓴다
무심히 떠가는 흰 구름 아래
만발한 빨간 장미
산야를 두른 초록빛이
당신들의 꿈과 사랑을 응원한다

– 「노량진에서」 에서

차가워진 호수
좀처럼 기척을 내지 않더니
투명한 비닐 랩으로 한 겹 두 겹 켜켜이 쌓아
말문을 굳게 닫았다

잔잔하게 들려주는 이야기를
바람과 함께 세차게 전해주는 충고를
찰싹대며 두들겨 주던 격려를
들어주지 못한 탓이다

소란스러운
마음의 소요로 인해
너의 소리를 듣지 못한 탓이다

이제 출렁이는 기척은 없지만
어딘가에 잠복한 고요를 들으려
마음의 귀를
깊이 가져가야 한다

– 「겨울 물왕리」에서

조성호 바람시학은 사물어 바람보다 보이지 않는 절대자의 바람, 영의 바람을 알린다. 주님의 뜻으로 걷는 「12월의 사랑」과 「열두 달을 걸으며」로 하여 성경의 2회 리듬을 알린다. 이 2회 리듬 반복의 주된 은유는 예수님의 자리를 묘사로 알린다. 사역자로서의 목자의 길을 12와 열 두 달을 시적 리듬 묘사로 한다.

제1시집 메시지 제4부 '바람처럼 사랑하여라'의 명령형을 제2시집에서 절대자의 명령 '바람처럼 사랑하여라'로 2회 리듬을 알린다. 그 분의 명령을 전하는 12사도의 자리에서 비유묘사 이미지 시 2회 리듬이 되는 제2시집 제목 『바람에도 마음이 있다』로 확대된다. 신인 절대자의 영역 바람을 잇는 구체성이다. 영성의 영역이다. 2중 은유 시이다.

조성호 목사시인의 아주 중요한 이 2회의 반복리듬이 창세기 1장에서 하늘과 땅으로 시작되며 두 개의 물로 구체화하고 처음과 끝을 알리는 2회, 에트 · 사람과 주님 · 주님과 하나님 · 전쟁 신학의 세겜 언약갱신 · 사사 기드온의 두 번의 이슬 · 드보라 노래와 모세의 노래 · 여리고 전쟁 때 6일과 7일째의 두 번의 흐름 · 사사기 5장에서 2회 리듬 상하구조 · 드보라와 바락의 2회 리듬에 연결된다. 조성호 목사 시인의 2회 리듬에 대한 놀라운 하나님 사랑을 받은 이번 둘째 번 시집에서 사역자로서의 목사시인의 자리가 정해진다. 조성호 목사시인은 시인으로서 바람 시어를 통하여 예수님을 알리는 귀한 시다. 목사는 그냥 목사가 아니다. 더구나 목사시인으로서의 가치가 여기에서 입증된다. 축복받는 시인 증거이다.

2. 서정 모더니즘 시인

홍문표 창조문학사 대표 목사시인은 조성호 목사시인을 평하여 조성호 시인 제1시집『침묵을 노래하는 악기』해설에서 조성호 목사시인은 그의 시심의 내면을 절대자에 대한 절절한 감성을 절제하면서 그를 나타내고 있다 하였다. 바라보는 대상을 존재의 가치로 격상, 시인으로서의 그에 대한 연민과 사랑을 실천하고 싶은 사역자로서의 고민과 철학을 그리고 있다 하였다. 조성호 시인의 제1시집『침묵을 노래하는 악기』는 신학적으로 말하면 하나님의 일을 사역하는 몸인 목회자의 시가 하나의 악기가 되어 하나님을 찬양하는 노래라 하였다. 바람시학을 시로 묘사한 점이라는 것이다.

조성호 목사시인은 모더니즘 계열의 김지향 추천에 의하여 계간지「창조문학 45」(2002 봄)호 제44회 신인문학상 시 부문에「고등어」「가을여행」「겨우살이」「가슴을 쪼는 새」4편으로 등단했다.

신인 시 심사위원장의 심사평을 참고할 수 있다.

> 조성호의「고등어」외 3편은 간결하고 투명하다. 조성호 시인은 목사다. 대체로 신앙 시는 진술위주로 직조하는 수가 많다. 조성호 목사의 경우는 진술보다 묘사위주로 짜여 진 것이 기존의 신앙시의 약점을 보완하고 있다고 보겠다. 묘사를 통해 간결하고 투명한 이미지를 표출하고 있을 뿐 아니라 묘사 속에 메시지를 깔고 있어 재미를 느끼게 한다. 특히「고등어」는 빼어난 아이러니를 원용하고 있어 미소를 짓게 한다.
>
> – 2002년 봄호 45호 44회 시 당선심사평 홍문표심사위원장의 심사평

조성호 목사의「창조문학」신인 시 등단 작품이다.

철썩-
철썩-

뒤척이던 바다
푸른 물살로 받아내고

날 시퍼런 삶 앞에
휘둘려
등줄기는 멍들어 가는데

사람들은
등 푸른 생선
DHA함유량이 많다고 말하네

"어휴, 고등-교육 힘드네"
얼굴 붉혀
폴짝-
식탁에 올라앉았다

- 「고등어」

한 계절을 넘어
담아도 담아도
채워지지 않는 바램은
늦가을 몸살

정성 아우라지
한 굽이를 돌고 돌아
낙엽송 머리 풀어 수(繡)놓고

발자국마다
서걱이는 흔적
마른 가랑잎에 찍고

공복의 시간으로부터 일탈하는
내 가슴은
흘러가는 핏물 되어
대천을 이룬다

- 「가을 여행」

나이 찬 계절
삶의 완결판을 가지 끝에 매단다

열매는 오색 옷 입고
내 가슴에 묻어나고
속살은 까맣게 타버렸다

들뜬 초점을 밀어내고
추억함의 망원경으로 꽉 꽉 채워
하얗게 수의(壽衣)로 바꾸어 입는다

떠남이 쉽지가 않다

하늘에 닿기 위한 숨결은
다시 땅을 바라던 기린의 발돋움처럼
소리 없이 나를 가둔다

바람이 불면
찬 서리에 젖은 달빛처럼
내 쳐진 어깨위로 내려와
겨울 속으로 황급히 숨어든다

많은 생각을 가슴에 담아

– 「겨우 살이」

설악 오색으로 통하는 길에는

작은 창으로 날아드는
산새가 있다

피로한 날들의 지게는
힘없는 아픔을 가슴에 안고
파득거리는 날개 짓을 접고서야
자유로워진다
창이 나 있는 그물에는
우주가 엉켜있다

산새는 떼 지어 날아와
자근거리며
가슴을 쪼아 먹고 있다

하늘로 향하는 길에는

꿈속에서만 날아오르는
바보 새가
포충망에 꾸역꾸역

가슴 시린 날갯짓으로 안겨들고 있다

– 「가슴을 쪼는 새」

작품 네 편중에서 홍문표 비평가는 대표작으로 시 「고등어」를 뽑고 심사평에서 '빼어난 아이러니는 고차원적인 묘사를 즐기는 시인'이라 하였다. 최대의 아이러니컬 비유를 적용 고등어 묘사를 성경 이미지로 하고 있다. 현대사물어를 성경에 접목묘사 한것이라는 목사시인의 신앙 시로서의 시의 해설 방향이 정해지는 이 아이러니 시적 그의 묘사는 계속 제2 시집에서도 모더니즘 시가 지닌 시의 가치를 은유의 시에 두게 한다.

"담아도 담아도"의 2회 리듬 묘사 싹을 드러내는 조성호 등단 시 그의 당선소감이다.

자연은 문학의 창이라고 생각이 든다.

과장되지 않으며 그 속에서 부단한 사색과 탐구거리를 얻기 때문이다.

5년 전 현재 사는 곳으로 이사한 후 자연과 주변 환경의 급격한 변화를 경험하게 되면서 시작활동에 몰두하게 되었다. 풀 한 포기, 무심한 한 마디 말도 생명력이 있거든 우주와 영혼으로부터 들리는 내면의 소리는 얼마나 청아한가. 시어를 통해 자신의 영혼을 성숙하게 만들 수 있으리란 생각으로 정진해 왔지만 늘 아쉽고 모자랄 뿐이었다.

이번에 너무나 귀한 기회를 주시는 하나님께 영광 돌리며 시의 눈을 뜨도록 지도해 주신 김지향 교수님께 그리고 용기를 주시는 심사위원 여러분께 감사드린다.

좋은 시를 쓸 수 있는 사람으로 남고자 더욱 노력하여 정진하련다.

– 44회 시 당선소감 「자연은 문학의 창」(2002 봄호 45호)

자연에서 시의 소재를 찾아오는 조성호 목사시인 시의 묘사 출발은 묘사방법을 개방하면서 그 안에 숨어진 서정 모더니즘으로 방향을 잡는다. 시인의 감성이 덧붙여지는 근원은 모더니즘시의 대가 김지향 시인의 추천으로 창조문학 시 부문 44회 신인문학상(2002년 45호 봄호)을 수상한 문단 통로에서 찾아진다. 모더니즘 계열은 현대 시인협회 문덕수 계열에 속한다. 그러나 이 계열의 홍문표 목사시인이 이끄는 계간잡지 창조문학의 성향은 서정 모더니즘 시의 계열이다. 정지용 이상시가 언어의 예술임을 명시했던 김기림 류로 이어지는 계열에서 이와는 다소 다른 목사시인으로서의 홍문표 모더니즘적 서정시인의 계열 서정모더니즘 시인이 있다. 즉 김지향 홍문표 조성호로 이어진다. 직접적으로 조성호 목사시인은 김지향 교수에게 사사 받았고 창조문학사가 주관하는 창조문학 신인문학상에 응모 후 등단했다. 한국비평계의 대가 홍문표 목사시인 시 계열의 서정 모더니즘 신앙 시에 합류한다. 제1시집 『침묵을 노래하는 악기』에 이어 제2시집 『바람에도 마음이 있다』는 조성호 시인을 모더니즘 계열의 특징인 관념적이고 주지적인 언어를 매개로 하되 신앙모티브로 묘사하는 서정 모더니즘 시인이 되게 한다.

그 구체성은 제1시집 제3부 '그날이 언제일까요'에서 시인은 때의 바람이미지를 묘사 그 날이 제2시집 제2부 '밤비 내리는 이유'의 날로 이어진 밤비 내리는 때이다. 어둠의 날이다. 이 아이러니 묘사는 시가 가지는 긴장법으로 하늘은 그분이 계시는 곳이고 그 분의 사랑바람이 밤비 내리는 어둠을 씻어 내리게 하는 그분 영의 능력이 내리는 날이다.

밤비 내리는 순간에는

유난히 '그대'를 생각한다
외로운 잠꼬대 같은
밤비는 가슴을 설레게 한다
어렸을 때 듣던 밤비 소리는 자장가였다
아가의 옹알이 같이
세상을 쓰다듬는
이 소리는 물리지도 않는다
밤새 흠도 티도 없이 내린 이유를
이제 나는 안다
누군가 만개의 별 대신 뿌린 것이다
온기를 품은 빗소리만으로도
밤을 두려워하는 이에게
환희의 송가가 되고
청하지 않은 깜빡 잠은
아름다운 꿈을 아로 새긴다

- 「밤비 내리는 이유」

조성호 시인은 절대자 그분을 '그대'라 지칭! 이로써 서정 모더니즘 시인이 증명되는 '그대'의 시어 묘사이다. 그대가 밤비를 내린다. 칠흑 같은 어둠에서 이 어둠을 씻어내는 밤비!. "세상을 쓰다듬는/ 이 소리는 물리지도 않는다/ 밤새 흠도 티도 없이 내린 이유를/ 이제 나는 안다"이다. '밤새 흠도 티도 없이' 비를 내린다는 것이다. 그대가 비를 내린다는 것이다. 다윗은 "여호와는 나의 목자"라 하며 시인 대가가 되었다. 조성호 시인도 절대자 그를 향하여 그대라 한다. 흠도 티도 없는 그대가 내려 주시는 밤비! 시인의 그대이다. 이쯤 되면 목사 시인의 서정 모더니즘 시의 상상력 바람이다. 별같이 내리는 하나님 그대가 직접 내린 비의 바람! 애굽 군대를 홍수로 맞불 놓으신 그대의 비바람이다. 맞불로 이 세상의 칠흑 어둠을 씻어 내리는 그대! 물에 빠질 위기의 놓인 당신 백성을 살리는 그대! 에덴동산의 네 강의 12 물길 사역을 허락하시는 그대이다.

3. 밤낚시 시인

조성호 목사시인의 사역이 있다. 칠흑 같은 밤에 하는 「밤낚시」 시가 있다. 그야말로 시가 지니는 절대적 은유의 묘사이다. 목회자가 절대자의 사랑을 시로 만드는 순간이다. 시인의 그대를 체험하는 모더니즘 서정이다. 그대의 절대 은혜를 체험하는 시간 묘사의 시이다.

「밤낚시」 시는 하나님 그대 사랑에 응답 사역의 시이다.

잘 보고 있어야 한다
물속을 이어주는 안테나에는
바닥보이지 않는 어둠 너머
없던 세상이 깜빡거린다

얼마를 기다려야 당도할까
한 겹 한 겹 공들여 쌓아가는 시간 속으로
한숨처럼 밑밥을 털어 넣는다

대형스크린 한 귀퉁이가
부욱 찢어지고
그 사이로 밀려온 빛의 조각
허공을 가른 막대를 쥔 손에
번개 하나 쥐어주고 가버린다

낮 동안 그 틈을 엿보던 물새들도
모든 것을 알고 있다는 듯
달관한 표정으로 날아가고
탐조등처럼 불을 켠 머릿속

고요한 평화가 헤엄친다

– 「밤낚시」

밤낚시라면 베드로의 밤낚시 고기 잡는 일이 성경에 있다. 예수님 지시로 낚은 베드로 밤낚시 고기 153마리가 있다. 이 153은 1과 5와 3의 3제곱 합수 또한 153으로 2회 리듬이다. 물고기 153마리 수는 하나님의 아들들 히브리어 숫자 값이 153[1]이다. 목사사역의 일평생 구원의 사역이다.

밤- 땅이 혼돈하고 공허하며 흑암이 깊음 위에 있고(창 1:2)-에 목사시인 손에 지어주신 빛 -하나님의 신은 수면위에 운행하시니라(창 1:2)-을 건져 올리는 밤낚시 시 묘사의 사역이다. 죽음 상황을 삶으로 바꾸시는 그분에 대한 사역은 신자들에게 산소 호흡기를 달아주는 사역이다. 조성호 목사시인은 “그 사이로 밀려온 빛의 조각/ 허공을 가른 막대를 쥔 손에/ 번개 하나 쥐어주고 가버린” 그대에게서 받은 번개 하나, 그것은 하늘로부터 얻은 빛을 얻은 사역이다. 하나님 은혜의 비밀 신호탄을 받는다. 손바닥만한 구름에서 큰 비를 본(왕상18:41-46) 뒤 내리는 큰 비의 기적이 조성호 시로 재탄생한다. 목사시인의 신앙 승리는 “낮동안 그 틈을 엿보던 물새들도/ 모든 것을 알고 있다는 듯/ 달관한 표정으로 날아가고” 있는데서 이미 예견 된 바로 하나님 그대가 알려준 것이다.

비유 아니고는 말씀하시지 않으신 예수님 따라 목사시인은 밤낚시의 비유 시로 묘사 번개 불을 밤낚시에서 건져 올린다. 서정 모더니스트는 ‘고요한 평화가 헤엄친다’의 시간을 시로 가진다. 횡재를 얻은 목사시인의 날이다. 빛을 손에 쥐게 하여 주시기에 “불을 켠 머릿속/ 고요한 평화가 헤엄친다”.

---

1) 하나님-הָאֱלֹהִים(5+1+30+5+10+40=91) + 아들들-בְּנֵי(2+50+10=62)=153.

사역지에는 천하보다 귀한 한 사람이 빠진 밥상에 앉는 시인 목회자의 눈물이 있다.

한 사람이 빠진 밥상은
참혹하다
먹어도 배부르지 않고
영양가 없는 마른 모래만 수북하다

한 사람이 빠진 빈자리는
있으나 마나였다고
원래 없는 거라고
아무리 변명해도
수렁처럼 더욱 깊이 패인다

한 마리가 빠진 양 우리는
똥오줌 못 가린 흔적 남아도
사랑과 미움의 잔해(殘骸) 사라지고
목자의 피 발린 깨진 종소리 따라
눈물 자국만 그렁그렁하다

어느 하늘에
아픈 영혼의 상처 닦아 줄
빈자리 있을까

그는 지금 어디로 갔을까

- 「그는 지금 어디로 갔을까」

4. 수리 사용의 시인

성경은 창세기에서 바로 첫째 날이라 하지 않고 한 날의 '한' 에하드-אחד(1+8+4=13)로 한다. 이 하나 '에하드'는 예수 암시수이다. 조성호 목사시인에게 시를 통한 세월의 시간이 있다. 조성호 시인은 「1월의 사랑」 시에서 그 분의 절대 권한을 묘사한다.

> 불을 껐다 다시 켜듯
> 새롭게 연륜이 그어지고
> 희망으로 채울 새 꿈이 있어
> 1월은 늙지 않는다
>
> 억만금 보석 같은 365일
> 오늘과 내일
> 널뛰듯 발 굴러 춤추며 가야하기에
> 1월은 하루, 하루 은총이다
>
> 소리 없이 피어나는 꽃처럼
> 그 결연한 첫 마음이
> 12월 까지 이어져야 하기에
> 1월은 두 손 모은 기도다
>
> 날아오르는 새처럼
> 우리에게 약속된 길을
> 전심으로 사랑하며 가야하기에
> 1월은 은혜로운 말씀이다
>
> -「1월의 사랑」

일 년을 시작하는 시인의 바람 그 기도의 1월이 있다. 절대 사랑 1월의 사랑이 있다. "1월의 사랑 · 2월의 사랑 · 3월의 사랑 · 4월의 사랑 · 5월의 사랑 · 6월의 사랑 · 8월의 사랑 · 12월의 사랑"이 있다. 8번이나 '··의 사랑' 은유로 묘사한다. 그래서 이 1월(이후 월 생략) + 2 + 3 + 4 + 5 + 6 + 8 + 12=41이다. 숫자가 조성호 서정 모더니즘 시에서 생성된다. 조성호목사 시인의 이 41숫자는 아주 중요한 예수님의 족보자리 41회째자리와 숫자상으로 일치한다. 아브라함에서 그리스도(마 1:17)까지 총 42대인데 41회는 예수님 자리다. 이쯤 되면 조목사 시인의 시 '…의 사랑'시 총합 41 숫자는 아브라함 → 다윗까지 14대 14대 * 13대 예수님 자리의 리듬이다.

신묘한 시적 승화의 자리다. 셋째 번 13대는 창세기 첫 장 한 날의 '한' 에하드-אחד(1+8+4=13)에서 증명! 하나 '에하드' 예수수(13대) 여호와의 아드님 증거: 여호와 ה ו ה י= 5 + 6 + 5 + 10=26의 여호와 수치 26의 반 13. 신명기 6:4- "이스라엘아 들으라 우리 하나님 여호와는 오직 하나인 여호와시니"의 총숫자 1118 '하나님-엘로힘 אלהים(1+30+5+10+40=86)' 86과 13이 합하여 된 수이다. 신명기 6장 4절 아들 하나 에하드 드 ד와 들으라 사마의 아 ע로 아드 증거 예수님은 하나님-엘로힘 אלהים (1+30+5+10+40=86) 86에 13곱이다. 예수님 평생 보여주시는 '사랑' 아하브 אהבה(1+5+2+5=13) 13자리이다.

조성호 목사 시인의 시 '6월의 사랑'이 있다. 6월의 6은 천부경 대 3 합 6이 우리 전통 천부경 중심수이다. 환국(桓國)의 환단고기(桓檀古記)는 배달민족으로 이어진다.

환국 환단고기의 천부경(天符經)이다.

一 始 無 始 一 析 三 極 無	일시무시일척삼극무
盡 本 天 一 一 地 一 二 人	진본천일일지일이인
一 三 一 積 十 鉅 無 櫃 化	일삼일적십거무궤화
三 天 二 三 地 二 三 人 二	삼천이삼지이삼인이
三 大 三 合 六 生 七 八 九	삼대삼합육생칠팔구
運 三 四 成 環 五 十 一 妙	운삼사성환오십일묘
衍 萬 往 萬 來 用 變 不 動	연만왕만래용변부동
本 本 心 本 太 陽 昻 明 人	본본심본태양앙명인
中 天 地 一 一 終 無 終 一	중천지일일종무종일

가장 가운데 중심 수 6은 1 · 2 · 3 · 6으로 나누어지기도

하고 곱하기도 되는 대삼합육(大三合六)의 자리에 목사시인「6월의 사랑」시가 있다.

반쯤 수그린 하늘 아래
중년의 사랑은
풋보리 물결처럼 출렁인다

반평생 살아온 녹음은
맑은 날도
상하기도 채이기도 했을 날도
감사하고 사랑하며
평화롭게 물들어 간다

절반의 계절은
아무리 바쁘게 살아도
한창 자란 나무 그늘에서
맑은 하늘 한 번 쳐다보고
싱그러운 초록 잎 한 번 눈길 주고
쉬었다 가라고 한다

–「6월의 사랑」

물의 의미를 지닌 6은 조 시인에게서 일 년의 반을 넘긴 안정감과 지속성에 들어선다. 사람의 몸속에 말씀인 물을 사역의 바람으로 사용하는 조 시인은 한창 자란 나무 그늘에서 맑은 하늘 한 번 쳐다본 시를 쓰며 사는 행복한 목사 시인의 시「6월의 사랑」묘사 시가 있다.

중심 주제는 햇빛이다. 이 빛은 우리의 선조가 읊으며 지금도 회자되는 천부경에서 빛을 받는 일이다. 조 목사 시인은「1월의 사랑」과「6월의 사랑」과「8월의 사랑」을 읊는다. 1월 6월 8월 모두 '햇덩이' 백색이다. 곧 큰 빛의 시이다. 그

분을 절대화 묘사한 시이다. 조 시인의 「8월의 사랑」으로 뜨겁게 달아오른다.

「8월의 사랑」 시에서이다.

얼마나 뜨거운 키스이기에
뜨겁게 달구어져도
쉬이 잠들지 못하는가
호떡 굽듯이 지그시 누르는 햇덩이에
치-지-직 달구어진 도시는
기나긴 시간 익히고 익히려
불볕에 살 붙이고
더욱 붉게 타들어간다

－「8월의 사랑」에서

조성호 시인은 키스와 8월을 등가원리로 놓으면서 8월이 지닌 성장하고 새로 일어섬을 '8월의 사랑'으로 한다. 성경에서 색채 수리리듬 8은 신의 보호리듬이다. 성경 원문 히브리어에 숫자표시에 따른 조성호 목사시인의 시상은 사역자로서의 사역이 시인의 시적 묘사 '그대'에 따른 사역이다. 그대에게 배우고 익히며 따르는 사역이 시로 전개된다. 조시인의 심상이 하나님의 진리를 배우고 잘 사역하는 목사시인이기에 하나님이 보호하는 시인이다. 하나님의 손의 사역을 흠모하여 단단히 시인의 그대와 고리로 엮이어 있기에 그의 보호아래 있다.

조성호 서정 모더니즘 시인은 일 년 12달 중에서 8개월간의 사랑을 뜨겁게 한다. 조성호 목사시인의 8개월은 성경 1장 1절의 '하나님-אֱלֹהִים(1+30+5+10+40=86)' '그리고-וְאֵת(6+1+400=407)' '하늘-הַשָּׁמַיִם(5+300+40+10+40=395)' =888[2]의 8 리듬자리를 묘사한다. 이 888은 헬라어 예수 ζ(10) + η(8) + σ(200) + ο(70) + υ(400) + ς

(200)=888 동일 리듬이다. 조 시인이 1년 12달 중 8개월간이나 사랑을 전하는 시인의 시 묘사는 인생의 태반을 넘도록 사역하는 평생의 사역 시간이다.

'1월의 사랑'과 '6월의 사랑' 그리고 '8월의 사랑' 모두 백색 이미지다. 우리 조상의 뿌리부터 전해오는 백의의 민족을 시로 은유한 하나님의 빛 흰 큰 바람의 사랑을 전하는 메신저 시인이다. 조 시인은 한국인의 정서 흰 곧 빛을 소망, 그러기에 시인이 사역하는 길에 하늘 사다리가 놓여진다.

열두 달을 지나왔습니다
때론 느리게 기고
때론 빠르게 달려 왔습니다
....
이제 저무는 한 해 앞에 섰습니다
하지만 알 것 같습니다
열두 색 발자국은
여전히 나를 버리지 않으시고 안고 업고 계신
주님의 사랑이었습니다

-「열두 달을 걸으며」에서

조성호 목사시인은 묘사에 아이러니를 삽입, 시 가치를 높이어 김지향 홍문표의 서정 모더니즘 계열 시인이다.

---

2) Vernon Jenkins MSc, *Technical Journal 1993 The Ultimate Assertion Evidence of Supernatural Disign in the Divine Prologue*(CEN Tech. J., vol. 7(2), 1993, pp. 184 - 196: *The Ultimate Assertion*: בראשית ברא אלהים את השמים ואת. הארץ הארץ. *Evidence of Supernatural Design in the Divine Prologue.* VERNON ... by some divine superglue, is a structure of pure number. '태초에-בְּרֵאשִׁית(2+200+1+300+10+400=913)' + '하나님이-אֱלֹהִים(1+30+5+10+40=86)' =999 '창조하시니라- בָּרָא(1+200+2=203) + 그리고-אֵת(1+400=401)+ '하늘-הַשָּׁמַיִם(5+300+40+10+40=395)=999' '하나님이-אֱלֹהִים(1+30+5+10+40=86)' + 땅 הָאָרֶץ(5+1+200+90=296) + '하늘-הַשָּׁמַיִם(5+300+40+10+40=395)= 777'

조성호 제2시집

바람에도 마음이 있다

2020년 1월 15일 인쇄
2020년 1월 15일 발행

지은이 조 성 호
펴낸이 신 용 호
펴낸곳 창조문학사

서울 서대문구 홍은동 397-26 동천아카데미 5층
등록번호 제1-263호
전화 374-9011, Fax 374-5217
공급처 한국출판협동조합 전화 716-5616~9

저자와 협의에 의해 인지를 생략합니다.
파본은 바꾸어 드립니다.
값 10,000원
ISBN 978-89-7734-762-5